EINFACH GEHEN

THICH NHAT HANH

Aus dem Englischen von
Ursula Richard

19 Illustrationen

O.W. BARTH

Die amerikanische Originalausgabe erschien 2015 unter dem Titel
»How to walk« bei Parallax Press, Berkeley, California.

Besuchen Sie uns im Internet:
www.ow-barth.de

MIX
Papier | Fördert gute Waldnutzung
FSC® C014496

Deutsche Erstausgabe September 2016

Ein Imprint der Verlagsgruppe Droemer Knaur GmbH & Co. KG
Landsberger Straße 346, 80687 München

Redaktion: Annerose Sieck
Covergestaltung: ZERO Werbeagentur GmbH, München
nach einem Entwurf von Debbie Berne
Coverabbildung und Illustrationen innen: Jason DeAntonis
Satz: Adobe InDesign im Verlag
Druck und Bindung: GGP Media GmbH, Pößneck
ISBN 978-3-426-29251-8

Kontaktadresse nach EU-Produktsicherheitsverordnung:
produktsicherheit@droemer-knaur.de

5 7 8 6 4

INHALT

Heben Sie Ihren Fuß. Atmen Sie ein. Setzen Sie den Fuß vor sich auf den Boden auf, zuerst die Ferse, dann die Zehen. Atmen Sie aus. Spüren Sie, wie Ihre Füße fest auf der Erde stehen. Sie sind bereits angekommen.

Häufig gehen wir nur aus *einem* Grund: Wir wollen von einem Ort zum anderen gelangen. Doch wo sind wir dazwischen? Das Wunder, auf festem Boden zu gehen, können wir bei jedem Schritt spüren. Jeder Schritt bringt uns ins Hier und Jetzt.

Als wir gehen lernten, war jeder Schritt eine Freude. Wir bewegten uns und erforschten jeden Moment, der sich vor uns auftat. Wir können lernen, wieder so zu gehen.

ÜBER DAS GEHEN

SIE SIND ANGEKOMMEN

Kommen Sie beim Gehen mit jedem Schritt an.
Das ist Gehmeditation. Das ist schon alles.

WARUM GEHEN?

Menschen fragen mich manchmal: »Warum machen Sie Gehmeditation?« Die beste Antwort, die ich darauf geben kann, lautet: »Weil ich es mag.« Jeder Schritt macht mich glücklich. Gehmeditation ist zwecklos, wenn Sie nicht jeden einzelnen Schritt genießen; sie wäre vergeudete Zeit. Das gilt gleichermaßen für die Sitzmeditation. »Warum sitzen Sie Stunde um Stunde?« Die beste Antwort ist: »Weil ich gern sitze.« Sitzen und Gehen können Frieden und Freude schenken. Lernen wir, so zu sitzen und zu gehen, können wir Frieden und Freude empfinden. Wir müssen wieder lernen, so zu gehen, dass wir jeden Schritt genießen. Durch Achtsamkeit und Konzentration werden unser Atmen, unser Sitzen und unsere Schritte von höherer Qualität sein.

ANKOMMEN

Eine der wohl tiefgründigsten Lehren ist auch eine der kürzesten: »Ich bin angekommen.« Wenn wir zu unserem Atmen zurückkehren, kehren wir zum gegenwärtigen Moment zurück. Wir müssen nicht darum ringen, irgendwo anders anzukommen. Wir wissen, dass unser letztendliches Ziel der Friedhof ist. Warum beeilen wir uns so, dorthin zu gelangen? Weshalb schätzen wir nicht das Leben, das im Hier und Jetzt stattfindet? Bereits einige Tage Gehmeditation werden uns verwandeln. Wir lächeln, und zahllose Wesen überall im Kosmos schenken uns ein Lächeln zurück – so tief ist unser Frieden. Alles, was wir denken, fühlen und tun, hat auf uns, unsere Vorfahren und künftige Generationen eine Wirkung und durchdringt den ganzen Kosmos.

SICH FREUEN

Vielleicht halten wir Freude für ein spontanes Gefühl. Nur wenige Menschen wissen, dass Freude gepflegt und erfahren werden muss, damit sie wachsen kann. Durch Achtsamkeit lernen wir, jeden Moment des täglichen Lebens tief zu berühren. Achtsam zu sein bedeutet, mit Körper und Geist wirklich präsent zu sein, die eigenen Absichten und Handlungen aufeinander abzustimmen und in Harmonie mit der Umgebung zu leben. Wir müssen uns dafür keine besondere Zeit außerhalb unserer Alltagsaktivitäten nehmen. In jedem Augenblick, während wir uns von einem Ort zum anderen bewegen, können wir Achtsamkeit üben. Gehen wir durch eine Tür, wissen wir, dass wir durch eine Tür gehen. Wir sind ganz bei dem, was wir tun.

AUF DEM PLANETEN ERDE GEHEN

Auf diesem Planeten zu gehen ist etwas Wunderbares. Kehren Astronauten wieder zurück auf die Erde, gehört ein Spaziergang zu den Dingen, die sie am glücklichsten machen. Wieder zu Hause, können sie sich bei jedem Schritt an dem Gras, den Pflanzen, den Blumen, den Tieren und den Vögeln erfreuen. Wie lange werden sie wohl nach ihrer Rückkehr aus dem All das Gehen auf der Erde genießen? Ich vermute, dass die ersten zehn Tage wundervoll sind. Doch schon bald haben sie sich wieder daran gewöhnt, und nach nur einem Jahr werden sie nicht mehr so glücklich sein wie in den ersten Monaten nach ihrer Rückkehr. Wir können den festen Grund unter unseren Füßen bei jedem Schritt würdigen.

ICH GEHE FÜR DICH

Viele meiner Vorfahren und viele Freundinnen und Freunde meiner Generation sind bereits verstorben. Ein guter Freund von mir sitzt im Rollstuhl und kann nicht mehr gehen. Ein anderer hat solche Schmerzen in den Knien, dass er keine Treppe mehr hinauf- oder hinuntergehen kann. Und so gehe ich für sie. Während ich einatme, sage ich mir: »Wie großartig ist es doch, dass ich immer noch so gut gehen kann.« In diesem Bewusstsein kann ich jeden Schritt genießen. Ich sage: »Ich bin lebendig!« Die Achtsamkeit erinnert mich daran, wahrzunehmen, dass mein Körper lebendig und noch kräftig genug zum Gehen ist, und mich daran zu erfreuen.

SCHLAFWANDELN

Meist sind wir in Eile, um hier und dort nach dem Glück Ausschau zu halten. Wir bewegen uns wie Schlafwandler, ohne jede Freude an dem, was wir gerade tun. Wir sind in Bewegung, aber geistig sind wir mit vollkommen anderen Dingen beschäftigt: Wir planen, organisieren und machen uns Sorgen. Es gibt aber keinen Grund, sich abzuhetzen. Jedes Mal, wenn wir mit unserer Aufmerksamkeit zum Atem und unseren Schritten zurückkehren, wachen wir auf. Jeder Schritt bringt uns ins Hier und Jetzt zurück. Wir können die Erde berühren und in den Himmel schauen und all die Wunder dazwischen wahrnehmen. Die Möglichkeit zu Achtsamkeit, Konzentration und Einsicht ist bei jedem Schritt gegeben.

ERLEUCHTUNG

Es ist gar nicht schwierig, die Gehmeditation zu genießen. Um erleuchtet zu werden, ist es nicht nötig, zehn Jahre achtsam zu gehen. Dafür reichen schon wenige Sekunden. Achtsames Wahrnehmen ist bereits Erleuchtung. Wir alle können unser Ein- und Ausatmen achtsam wahrnehmen. Wenn Sie einatmen, atmen Sie bewusst ein. Machen Sie sich bewusst, dass Sie einen Körper haben, dass Sie einatmen und ihn nähren. Machen Sie sich bewusst, dass Ihre Füße stark genug sind und Sie jeden Schritt bewusst genießen können. Auch das ist Erleuchtung. Nehmen Sie beim Ausatmen die Luft wahr, die Ihren Körper verlässt. Machen Sie sich bewusst, dass Sie lebendig sind. Dieses Bewusstsein wird Sie glücklich machen.

AM FLUGHAFEN GEHEN

Wenn ich zum Flughafen muss, komme ich gern so früh an, dass ich noch vor dem Abflug Gehmeditation machen kann. Es ist schon dreißig Jahre her, da ging ich auf diese Weise im Flughafengebäude von Honolulu. Jemand kam auf mich zu und fragte: »Wer sind Sie? Was ist Ihre spirituelle Tradition?« Ich fragte: »Warum wollen Sie das wissen?« Und er antwortete: »Weil ich sehe, dass Sie sich so ganz anders bewegen als andere. Es wirkt so friedlich und entspannt.« Er kam einfach nur wegen meiner Art zu gehen zu mir. Ich hatte keinen Vortrag auf einer Konferenz gehalten. Mit jedem Ihrer Schritte können Sie inneren Frieden schaffen und anderen Menschen eine Freude bereiten.

EINEN BERG BESTEIGEN

Ich habe einmal mit einer Delegation China bereist, und dort bestiegen wir den Wutai Shan, einen berühmten Berg. Der Weg zum Gipfel ist sehr steil. Man muss 1080 Stufen meistern. Vor unserem Aufbruch schlug ich der Delegation vor, während des Aufstiegs jeweils einen Atemzug zu machen, dann einen Schritt zu setzen, sich zu entspannen, erneut einen Atemzug zu machen, wieder einen Schritt zu setzen und sich zu entspannen. Nach ungefähr zehn Schritten setzten wir uns hin, schauten uns um, atmeten und lächelten. Als wir den Gipfel erreichten, waren alle sehr glücklich und voller Energie. Jeder Schritt kann, auch wenn es bergauf geht, Achtsamkeit, Konzentration, Freude und Einsicht bringen.

MIT DANIEL BERRIGAN GEHEN

Eines Tages lud ich den katholischen Priester, Dichter und Friedensaktivisten Daniel Berrigan zu einem Spaziergang im Central Park in New York ein. Ich sagte zu ihm: »Wir reden nicht. Wir gehen nur.« Pater Berrigan ist sehr viel größer als ich, und er hat lange Beine. Wenn er einen Schritt macht, muss ich zwei Schritte setzen. Wir begannen unseren Spaziergang zusammen, doch schon nach wenigen Schritten war er vor mir. Als er sich zu mir umdrehte und sah, dass ich nicht neben ihm lief, hielt er an und wartete auf mich. Ich beeilte mich nicht. Ich war entschlossen, langsam und achtsam in meinem eigenen Tempo zu gehen. Ich wollte ganz aufmerksam bei meinen Schritten und meinem Atem bleiben. Jedes Mal, wenn ich ihn eingeholt hatte, gingen wir für kurze Zeit nebeneinander, und dann war er wieder vorn. Ich behielt die ganze Zeit mein Tempo bei. Später besuchte er mich einmal in Frankreich und lernte dort Gehmeditation. Selbst als er wieder zurück in New York war, konnte er nun ohne Eile gehen.

IN SCHÖNHEIT GEHEN

Selbst durch die belebtesten Straßen können Sie achtsam gehen. Doch manchmal ist es hilfreich, einen Park oder einen anderen ruhigen Ort aufzusuchen. Gehen Sie langsam, aber auch nicht zu langsam. Genießen Sie die Natur und Ihre eigene heiter gelassene Stimmung, aber machen Sie keine Show daraus. Dann könnten sich andere bei Ihrem Anblick unbehaglich fühlen. Wenn Ihnen unterwegs etwas auffällt, an dem Sie sich erfreuen möchten – ein blauer Himmel, Berge, ein Baum oder ein Vogel –, halten Sie inne und atmen Sie achtsam ein und aus. Bleiben Sie bei diesem bewussten Atmen, sonst wird sich früher oder später das Denken wieder einstellen, und der Vogel und der Baum werden verschwinden.

DURCHS LEBEN HETZEN

Wir alle neigen dazu, durchs Leben zu hetzen. Wir glauben, es sei nicht möglich, im Hier und Jetzt glücklich zu sein, und so zieht es uns in die Zukunft, und wir halten dort nach dem Glück Ausschau. Diese Gewohnheitsenergie haben wir womöglich von unserem Vater, unserer Mutter und unseren Vorfahren geerbt. Die Achtsamkeitspraxis hilft uns, innezuhalten und zu erkennen, dass alles, nach dem wir suchen, bereits vorhanden ist. Viele von uns haben sich ihr ganzes Leben lang abgehetzt. Ein achtsamer Schritt kann uns helfen, damit aufzuhören. Wenn wir uns auf das Atmen und Gehen konzentrieren, verbinden wir Körper, Rede und Geist und sind zu Hause angekommen.

VON ORT ZU ORT

Wir können jeden unserer Schritte genießen. Das gilt nicht nur für die Gehmeditation. Wenn wir uns von einem Ort zum anderen begeben, können wir die Schritte genießen, egal wie kurz die Strecke auch immer sein mag. Müssen Sie fünf Schritte zurücklegen, dann gehen Sie diese fünf Schritte achtsam und spüren Sie bei jedem Schritt Ihre Festigkeit. Gehen Sie eine Treppe hinauf, nehmen Sie jede Stufe mit Freude. Mit jedem Schritt können Sie Ihre beste Energie erwecken und in die Welt geben.

STILLE

In unserem Praxiszentrum Plum Village im Südwesten Frankreichs unterhalten wir uns nicht, während wir gehen. So können wir unser Gehen voll und ganz genießen. Wenn Sie beim Gehen viel reden, ist es schwierig, jeden Schritt wirklich bewusst zu erleben, und auch die Freude daran wird nicht wirklich aufkommen. Das Gleiche gilt für das Teetrinken: Wenn Sie Ihre Aufmerksamkeit ganz auf die Teeschale konzentrieren, dann wird diese zu Ihrer Freude beitragen. Achtsamkeit und Konzentration bringen Freude und Einsicht hervor.

FÜR UNSERE VORFAHREN UND NACHFAHREN GEHEN

All unsere Vorfahren und alle künftigen Generationen sind immer in uns gegenwärtig. Glück ist keine individuelle Angelegenheit. Solange unsere Vorfahren weiter in uns leiden, können wir nicht glücklich sein und werden dieses Leiden auch an unsere Kinder und Enkel weitergeben. Beim achtsamen Gehen können wir für unsere Vorfahren und für zukünftige Generationen gehen. Vielleicht sind sie voller Kummer gegangen, vielleicht wurden sie gezwungen zu marschieren oder mussten ihr Land verlassen. Wenn wir in Freiheit gehen, gehen wir für sie. Fühlen wir uns bei einem einzigen Schritt frei und glücklich, tun wir es für uns und alle vorangegangenen und zukünftigen Generationen. Wir finden gemeinsam Frieden und Glück.

DIE ADRESSE DES LEBENS

Wenn Sie achtsam gehen, genießen Sie es. Die Technik ist einfach: Wenn Sie gehen, seien Sie genau da, wo Sie sind, auch in der Bewegung. Ihr wahres Ziel ist das Hier und Jetzt, denn nur in dem Moment und an dem Ort, an dem Sie gerade sind, ist das Leben möglich. Die Adresse aller großen Wesen ist »Hier und Jetzt«. Auch die Adresse von Frieden und Licht ist »Hier und Jetzt«. Sie wissen also, wohin Sie gehen. Jedes Einatmen, jedes Ausatmen, jeder Schritt sollte Sie zu dieser Adresse bringen.

SETZEN SIE IHREN GANZEN KÖRPER EIN

Seien Sie bei jedem Ihrer Schritte hundertprozentig anwesend. Den Boden mit Ihren Füßen berührend, fühlen Sie das Wunder, lebendig zu sein. Mit jedem Schritt werden Sie und wird die Erde wirklich, real. Seien Sie sehr konzentriert und entschlossen. Sie schützen sich damit vor der gewohnheitsmäßigen Energie, die Sie gedankenverloren vorantreibt. Bringen Sie all Ihre Aufmerksamkeit zu den Fußsohlen und berühren Sie die Erde, als würden Sie sie mit Ihren Füßen küssen. Jeder Schritt ist wie das Siegel eines Herrschers auf einem Erlass. Gehen Sie so, dass Sie Ihre Stabilität, Ihre Freiheit und Ihren Frieden in die Erde prägen.

INNEHALTEN UND RUHE FINDEN

Wenn wir uns über etwas aufgeregt haben, können wir durch das Gehen unsere Ruhe wiedererlangen. Wir konzentrieren uns dabei vollkommen auf das Gehen, wir hören auf zu denken, uns Geschichten zu erzählen, Vorwürfe zu machen, Urteile zu fällen; wir hören mit all dem auf, was uns im Kopf herumschwirrt und uns vom gegenwärtigen Moment fernhält. Die Konzentration auf den Körper hilft, das Denken zu stoppen, um auch die unerfreulichen, destruktiven Energien abzustellen. Etwas zu stoppen bedeutet nicht, es zu unterdrücken; es bedeutet vor allem, etwas zur Ruhe zu bringen. Wenn wir möchten, dass sich das Meer beruhigt, entsorgen wir nicht das Wasser, denn ohne das Wasser wäre nichts mehr übrig. Wenn wir spüren, dass wir wütend, ängstlich oder aufgebracht sind, müssen wir diese Gefühle nicht loswerden. Wir müssen nur bewusst ein- und ausatmen und einen achtsamen Schritt gehen. Erlauben Sie sich, tief ins Hier und Jetzt einzutauchen, denn das Leben ist nur im gegenwärtigen Moment verfügbar. Das allein reicht, um den Sturm zu beruhigen.

UNSERE SOUVERÄNITÄT WIEDERERLANGEN

Haben wir das Gefühl, etwas zerrt uns hin und her in die unterschiedlichsten Richtungen, verlieren wir unsere Souveränität. Wir sind nicht frei. Lassen Sie das nicht mehr zu. Widerstehen Sie. Jeder achtsame Schritt ist ein Schritt in die Freiheit. Es handelt sich dabei nicht um eine politisch geartete Freiheit. Es ist die Freiheit von Vergangenem, Zukünftigem, von unseren Sorgen und Ängsten.

NUR GEHEN

Wenn Sie gehen, dann tun Sie nichts anderes. Denken Sie nicht. Reden Sie nicht. Wenn Sie sich mit anderen unterhalten oder eine Kleinigkeit zu sich nehmen möchten, halten Sie dafür an. Auf diese Weise sind Sie vollkommen präsent für das Gehen und vollkommen präsent für Ihren Gesprächspartner. Sie können sich irgendwo hinsetzen, um in Frieden zu telefonieren und achtsam zu essen und zu trinken.

DAS GEHEN IST EIN WUNDER

Unser wahres Zuhause ist der gegenwärtige Moment. Darin zu leben ist ein Wunder. Wenn ich einatme und vollkommen lebendig werde, sehe ich mich selbst als ein Wunder. Wenn ich achtsam eine Orange betrachte, erkenne ich sie als ein Wunder. Schäle ich die Orange mit Achtsamkeit, erlebe ich das Essen einer Orange als ein Wunder. Es ist ein Wunder, dass Sie lebendig sind. Durch die Kraft der Achtsamkeit vollbringen Sie viele Male am Tag Wunder. Das Wunder besteht nicht darin, auf Wasser zu wandeln. Das Wunder liegt darin, im gegenwärtigen Moment auf unserer grünen Erde zu gehen und den Frieden und die Schönheit zu genießen, die jetzt da sind. Ich vollbringe dieses Wunder jedes Mal, wenn ich gehe. Das können auch Sie.

MUTTER ERDE

Wenn wir gehen, berühren wir die Erde. Es liegt ein großes Glück darin, die Erde berühren zu können, die Mutter aller Geschöpfe auf diesem Planeten. Wir sollten uns beim Gehen bewusst sein, dass wir auf einem Lebewesen gehen, das nicht nur uns, sondern alles Leben unterstützt. Der Erde ist schon so viel Schaden zugefügt worden, nun ist es an der Zeit, den Boden mit unseren Füßen, unserer Liebe zu küssen. Lächeln Sie, während Sie gehen – seien Sie im Hier und Jetzt. Dadurch werden Sie den Boden unter Ihren Füßen in ein Paradies verwandeln.

UNSER FUSSABDRUCK

Wir gehen die ganze Zeit, doch meist nur, weil wir gehen müssen, damit wir zur nächsten Sache gelangen. Wenn wir auf diese Weise gehen, drücken wir unsere Angst und unsere Sorgen in den Erdboden. Doch wir können auch so gehen, dass wir Frieden und Gelassenheit auf den Boden übertragen. Jeder und jede von uns kann das. Jedes Kind vermag es. Können wir einen solchen Schritt machen, wird uns das auch bei zwei, drei, vier und fünf Schritten gelingen. Mit einem friedvollen und glücklichen Schritt schaffen wir einen weiteren friedvollen und glücklichen Schritt für die ganze Menschheit.

DEN FRIEDEN BERÜHREN

Die Möglichkeit zum Frieden ist überall gegeben, in der Welt und in der Natur. Auch uns, unserem Körper und unserem Geist, wohnt Frieden inne. Mit unserem Gehen wässern wir die Samen des Friedens, die bereits in uns sind. Durch unsere achtsamen Schritte lassen wir es uns zur Gewohnheit werden, den Frieden in jedem Moment zu berühren.

EINEN VERTRAG MIT DER TREPPE

Schließen Sie einen Vertrag mit der von Ihnen am häufigsten benutzten Treppe. Nehmen Sie sich vor, jedes Mal, wenn Sie hinauf- oder hinuntergehen, Gehmeditation zu praktizieren, statt gedankenverloren zu sein. Wenn Sie sich dazu verpflichtet haben und erkennen, dass Sie einige Stufen unachtsam genommen haben, gehen Sie einfach wieder zurück und beginnen von vorn. Vor über zwanzig Jahren habe ich eine Vereinbarung mit meiner Treppe unterschrieben, und das hat mir bisher stets große Freude bereitet.

IM ALLTAG ACHTSAM GEHEN

Wir haben einmal ein Retreat für Kongressabgeordnete und deren Mitarbeiter in Washington D.C. angeboten, und einige der Teilnehmenden haben seither täglich Gehmeditation praktiziert. Alle gehen dort normalerweise sehr schnell und sind in Eile, und so müssen sie sich nun sehr beharrlich und geduldig darin üben, das, was sie im Retreat gelernt haben, im Alltag umzusetzen. Doch einige sind dabeigeblieben. Sie haben mir erzählt, dass sie von ihren Büros stets achtsam zu dem Ort gehen, wo sie ihre Stimme abgeben müssen. Sie sagen, dass sie es aufgrund dieser Praxis in ihrem Umfeld besser aushalten, selbst während der schwierigsten, kontroversesten Sitzungen.

MIT ANDEREN GEHEN

Ich habe bereits mit Gruppen von zwei- oder dreitausend Menschen Gehmeditation praktiziert. Das ist sehr kraftvoll. Jeder setzt jeweils nur einen Schritt und konzentriert sich ausschließlich auf diesen einen Schritt. Sorgen Sie dafür, dass Sie während des Tages viele Gelegenheiten haben, Gehmeditation für sich selbst zu üben. Andere können Sie in Ihrer Gehmeditation unterstützen. Bitten Sie eine Freundin, einen Freund, Sie zu begleiten. Sind Sie mit einem Kind unterwegs, können Sie es an die Hand nehmen und mit ihm zusammen gehen.

EIN KUNG-FU-NOTIZBUCH

Die Worte »kung fu« bedeuten tägliche gewissenhafte Praxis oder Übung. Das muss keine Kampfkunst sein, sondern kann auch jede andere Praxis sein, auch achtsames Gehen gehört dazu. Am Ende des Tages möchten Sie vielleicht Ihre Übung noch einmal überdenken und aufschreiben, was Ihnen zum Gehen, Atmen, Lächeln oder Sprechen eingefallen ist. Es wäre zu schade, würden Sie einen ganzen Tag verbringen, ohne das Gehen mit Freude zu genießen. Sie haben Beine und Füße, und es wäre eine Verschwendung und ein Verlust, von ihnen keinen Gebrauch zu machen. Nach der Lektüre dieses Buches können Sie nicht mehr sagen: »Es hat mir niemand gesagt, wie wichtig es ist, mich beim Gehen an meinen Füßen zu erfreuen.«

DIE FRUCHT UNSERER PRAXIS

Wenn Sie voller Sanftheit und Glück auf diesem wunderschönen Planeten gehen, dann leben Sie Frieden. Im Buddhismus gilt Bodhisattva Avalokitesvara als ein Wesen großen Mitgefühls, das seine gesamte Zeit auf der Erde damit verbringt, das Gehen zu genießen, auf den Wellen von Geburt und Tod zu reiten und zu lächeln. Auch wir sollten dazu imstande sein. Unsere Praxis besteht darin, während des Gehens wirklich anzukommen und uns zu Hause zu fühlen – das ist auch die Frucht der Praxis. Solche Momente machen das Leben lebenswert.

ZIEHEN SIE IHRE SCHUHE AN

Tagtäglich ziehen Sie Ihre Schuhe an und gehen irgendwohin. Das gibt Ihnen die Möglichkeit, sich jeden Tag in Achtsamkeit zu üben, ohne dass Sie sich dafür extra Zeit nehmen müssten. Sie ziehen Ihre Schuhe aus und ziehen sie an. Auch das ist eine Zeit der Übung und der Freude.

DIE FÜSSE DES BUDDHA

Wenn Sie Ihre Füße mit Achtsamkeitsenergie stärken, werden diese zu den Füßen des Buddha. Sie haben vielleicht schon Menschen gesehen, die mit den Füßen des Buddha gehen, Sie können das erkennen, das sieht man. Es ist ganz einfach. Ein Elektroauto benötigt etliche Stunden, um wieder aufgeladen zu werden. Doch um Ihre Füße mit Achtsamkeitsenergie zu stärken, brauchen Sie weniger als eine halbe Stunde. Die Kraft der Achtsamkeit stellt sich sofort ein. Ob Sie mit den Füßen des Buddha gehen wollen, liegt ganz bei Ihnen.

GEHEN UND REDEN

Bei einem Spaziergang unterhalten wir uns oft mit anderen, oder wir denken darüber nach, was wir als Nächstes tun müssen, oder wir gucken auf unser Smartphone. Wir achten nicht darauf, wo wir sind oder hinwollen. Versuchen Sie, einfach nur zu gehen, wenn Sie gehen. Gehen und unterhalten Sie sich nicht zur gleichen Zeit. Wenn Sie etwas sagen müssen, halten Sie an und sagen Sie es dann. Das wird nicht sehr viel mehr Zeit beanspruchen. Wenn Sie alles gesagt haben, setzen Sie Ihren Spaziergang fort.

IM GEFÄNGNIS GEHEN

Eine Freundin von mir, eine Nonne, machte an der Universität von Indiana ihren Abschluss in Englischer Literatur und lebte anschließend als Nonne in Vietnam. Wegen ihrer öffentlichen Friedensappelle wurde sie von der Polizei festgenommen und kam ins Gefängnis. In ihrer Zelle tat sie ihr Möglichstes, um Sitz- und Gehmeditation zu praktizieren. Das war recht schwierig. Wenn ihre Bewacher tagsüber sahen, wie sie meditierte, betrachteten sie dies als Provokation. Sie musste damit bis spätabends warten. Dann machte sie ihre Gehmeditation, obwohl ihre Zelle winzig klein war. Ihr waren im Gefängnis viele Freiheiten genommen worden, aber man konnte ihr weder ihre Entschlossenheit noch ihre Meditationspraxis nehmen.

ENTSPANNUNG FINDEN

Fühlt sich das Gehen schwierig an oder wird zu einer Herausforderung, dann bleiben Sie stehen. Lassen Sie sich von Ihrem Atem führen. Forcieren Sie nichts.

Ich war einmal in einem überfüllten Flughafengebäude. Es war dort so eng, dass ich keinen Schritt machen konnte. Ich versuchte, mich durchzuschlängeln, aber dann hielt ich inne. Ich erinnerte mich daran, dass ich nichts tun musste. Das entspannte mich völlig, denn ich spürte, dass der Buddha für mich ging. Sonst hätte ich nicht so entspannt und mitfühlend sein können. Nachdem ich innegehalten und mich entspannt hatte, vermochte ich wieder frei zu gehen. Der Flughafen war noch immer überfüllt, doch ich setzte jeden Schritt langsam, entspannt und voller Freude.

FÜR ANDERE GEHEN

Manchmal sage ich, dass ich für meine Mutter gehe oder dass mein Vater es genießt, mit mir zu gehen. Ich gehe für meinen Vater, ich gehe für meine Mutter. Ich gehe für meinen Lehrer. Ich gehe für meine Schülerinnen und Schüler. Vielleicht wusste deren Vater nicht, wie er achtsam hätte gehen und dabei jeden Augenblick hätte Freude empfinden können. Also gehe ich für ihn, und das kommt uns beiden zugute.

EIN LANGER WEG

Nach seiner Erleuchtung in Bodhgaya praktizierte der Buddha Gehmeditation an einem nahe gelegenen Lotosteich. Anschließend wollte er seine Erkenntnisse mit seinen engen Freunden, die sich in Sarnath im Hirschpark aufhielten, teilen. Er wanderte also von Bodhgaya nach Sarnath, um sie dort zu treffen – allein inmitten von Reisfeldern und Wäldern. Er wird wohl mindestens zwei Wochen unterwegs gewesen sein. Doch er hat jeden seiner Schritte genossen. Als der Buddha seine alten Freunde gefunden hatte, hielt er seine erste Lehrrede.

NIRWANA

Nirwana kann man nicht mit Worten erklären. Sie müssen schon selbst davon kosten. Wenn Sie noch nie eine Kiwi gegessen haben, kann Ihnen niemand beschreiben, wie sie schmeckt. Das finden Sie am besten heraus, wenn Sie ein Stück in den Mund nehmen. Dann wissen Sie sofort, wie sie schmeckt. Das Gleiche gilt für Nirwana. Sie müssen Nirwana selbst kosten. Nirwana ist für Sie da – bei jedem Schritt. Sie müssen nicht erst sterben, um ins Nirwana zu gelangen. Es ist nicht etwas Verschwommenes, weit Entferntes. Wenn jeder Ihrer Schritte Sie zum Ufer der Freiheit bringt, dann erhalten Sie bereits einen Geschmack von Nirwana.

NACH HAUSE GEHEN

Beim Gehen bringen wir Geist und Körper zusammen. Nur wenn diese vereint sind, sind wir wirklich im Hier und Jetzt. Wer geht, kommt nach Hause, kommt zu sich selbst zurück. Wenn Sie jedoch während des Gehens in ein Gespräch vertieft oder mit Planungen beschäftigt sind, werden Sie Ihr Einatmen und Ausatmen und den Moment nicht genießen können. Wir müssen uns nicht zum Einatmen zwingen, denn wir atmen ganz von selbst die ganze Zeit. Wir müssen lediglich unsere Aufmerksamkeit auf das Atmen und das Gehen lenken. Im Nu sind Sie zu Hause in Ihrem Körper, sind ganz da, gut verankert im Hier und Jetzt.

KOLLEKTIVE ENERGIE

Wenn wir mit anderen gehen, hat die kollektive Achtsamkeitsenergie, die wir dabei erzeugen, eine sehr große Kraft. Sie ist heilsam für alle. Gehen wir zusammen, erzeugen wir gemeinsam Achtsamkeitsenergie und gelangen nach Hause ins Hier und Jetzt. Dann können wir das Paradies direkt unter unseren Füßen spüren und sehen, dass es uns überall umgibt.

DIE ENERGIE DER ACHTSAMKEIT

Beim Gehen erzeugen wir Achtsamkeitsenergie. Nehmen Sie den Kontakt zwischen Fuß und Boden wahr, statt sich in Gedanken an dieses oder jenes zu verlieren. Das ist sehr heilsam. Warten Sie damit nicht, bis Sie sich in einer Gruppe treffen oder sich Zeit dafür eingeräumt haben. Immer wenn Sie sich von einem Ort zum anderen begeben, können Sie die Technik der Gehmeditation anwenden. Nehmen Sie sich Zeit, wenn Sie vom Wohnzimmer in die Küche gehen oder von Ihrem Auto zur Arbeitsstelle, und genießen Sie jeden Schritt. Hören Sie mit dem Denken, mit dem Reden auf und berühren Sie die Erde mit Ihren Füßen. Wenn Sie jeden Schritt genießen, ist Ihre Praxis gut.

STABILITÄT UND FESTIGKEIT

Wenn Sie sich nicht mehr von der Zukunft oder Vergangenheit vereinnahmen lassen, ist jeder Ihrer Schritte fest und kräftig. Sie sind im Hier und Jetzt fest verankert. Innere Festigkeit und Freiheit bilden die Grundlage zum Glücklichsein. Ohne diese Stabilität sind Sie nicht frei, und Glück zu empfinden ist nicht möglich. Mit jedem Schritt, den Sie gehen, können Sie größere Festigkeit und Freiheit entwickeln. Während des Gehens können Sie zu sich sagen: »Ich bin gefestigt. Ich bin frei.« Das ist keine Autosuggestion oder ein Wunschdenken. Es ist eine Erkenntnis, denn Sie sind gut im Hier und Jetzt verankert und verwirklichen diese Wahrheit bei jedem Schritt.

DIE VERGANGENHEIT LOSLASSEN

Die meisten von uns bewegen sich ohne Fußfesseln und sind doch nicht frei. Bedauern und Kummer aus der Vergangenheit halten uns gefangen. Wir kehren immer wieder zu Vergangenem zurück und leiden darunter. Die Vergangenheit ist ein Gefängnis. Doch nun haben Sie den Schlüssel in der Hand, um die Tür aufzuschließen und im gegenwärtigen Moment anzukommen. Sie atmen ein, verbinden Ihren Geist mit Ihrem Körper, machen einen Schritt und kommen im Hier und Jetzt an. Da sind der Sonnenschein, die schönen Bäume und das Vogelgezwitscher.

SICH UM DIE ZUKUNFT KÜMMERN

Manche von uns sind Gefangene der Zukunft. Wir wissen nicht, was geschehen wird, doch wir sorgen uns unentwegt, so dass die Zukunft zu einer Art Gefängnis wird. Die reale Zukunft besteht nur aus einem, und das ist die Gegenwart. Woraus sollte sie sonst bestehen? Wenn wir wissen, wie wir uns am allerbesten um den gegenwärtigen Moment kümmern können, haben wir alles für eine gute Zukunft in der Hand. Wir schaffen uns eine Zukunft, indem wir uns dem gegenwärtigen Moment zuwenden. Dazu gehört, achtsam zu atmen und unser Ein- und Ausatmen zu genießen. Mit jedem Ihrer Schritte gestalten Sie die Zukunft, kommen in ihr an. Gestalten Sie eine friedvolle und mitfühlende Zukunft.

HÖREN SIE AUF IHRE LUNGE

Lassen Sie Ihre Lunge entscheiden, wie sie atmen möchte. Forcieren Sie niemals Ihre Atmung. Passen Sie beim Gehen Ihre Schritte Ihrer Atmung an und nicht umgekehrt. Anfangs beginnen Sie vielleicht mit zwei Schritten beim Einatmen und drei beim Ausatmen. Wenn Ihre Lunge sich mit der Zeit damit besser fühlt, wenn Sie beim Einatmen drei Schritte machen und fünf beim Ausatmen, sollten Sie dem folgen. Bei einem Anstieg werden Sie ganz von selbst weniger Schritte bei jedem Atemzug machen. Ich habe gemerkt, dass ich bei der Gehmeditation meist vier Schritte beim Einatmen und sechs beim Ausatmen mache. Doch wenn ich bergauf gehe, sind es beim Einatmen zwei und beim Ausatmen drei Schritte. Bei einem steilen Anstieg mache ich manchmal einen Schritt bei jedem Einatmen und drei oder zwei Schritte oder vielleicht sogar nur einen beim Ausatmen. Wir sollten uns da den Gegebenheiten anpassen. Wenn Sie beim Gehen auf Ihren Körper hören, wird jeder Schritt zu einem Vergnügen.

IN KONTAKT BLEIBEN

Freunde oder Schülerinnen und Schüler, die weit entfernt von mir leben, wollen meist gern in Kontakt mit mir bleiben. Während der letzten vierzig Jahre habe ich nie ein Telefon benutzt. Viele von uns telefonieren oft und lange, doch das bedeutet nicht, dass wir mit anderen in einem wirklichen Austausch stehen. Ich habe keine E-Mail-Adresse. Sie brauchen weder Telefon noch Computer, um mit mir in Kontakt zu sein. Wenn Sie achtsam von zu Hause zur Bushaltestelle gehen und dabei jeden Schritt genießen, sind wir miteinander verbunden. Praktizieren Sie achtsames Atmen und achtsames Gehen, sind wir immer verbunden. Fragen Menschen mich nach meiner Adresse, sage ich ihnen: »Meine Adresse ist das Hier und Jetzt.«

UNACHTSAMKEIT

Viele Jahre lang haben wir unachtsam gelebt. Achtlosigkeit ist das Gegenteil von Achtsamkeit. Achtsamkeit erinnert uns daran, dass das Leben ein Wunder ist; wir sind hier und wir sollten das Leben tiefgründig leben. Wir wünschen uns, gegenwärtiger zu sein, doch wie oft sind wir es nicht. Wir brauchen eine Freundin oder einen Lehrer, der uns daran erinnert. Die Erde kann eine solche Lehrerin sein. Sie ist immer da, grüßt unsere Füße und fördert unsere innere Stabilität und Erdung.

UNS SELBST TRAINIEREN

Einigen von uns gelingt es schon während der ersten Gehmeditation anzukommen. Für andere ist das weitaus schwieriger, weil sie sich so daran gewöhnt haben, durchs Leben zu rennen. Ich erinnere mich an einen Pariser Journalisten, der mich für ein Interview aufsuchte. Wir luden ihn ein, vor dem Interview mit uns eine Gehmeditation zu machen. Er hat sehr dabei gelitten. Er war so sehr daran gewöhnt, sich immer zu beeilen, dass achtsames und langsames Gehen ihm wie harte Arbeit vorkam! Wir müssen ein solches Gehen also trainieren. Wir gehen so, dass uns jeder Schritt hilft, mit der sinnlosen Hetzerei aufzuhören, und wir in Berührung mit den Wundern des Lebens gelangen, die uns im Hier und Jetzt zugänglich sind.

JEDER SCHRITT IST EIN AKT DES WIDERSTANDS

Jeder Schritt ist eine Revolte gegen die Geschäftigkeit. Mit jedem achtsamen Schritt sagen wir: »Ich will nicht mehr rennen. Ich will damit aufhören. Ich möchte mein Leben leben. Ich will die Wunder des Lebens nicht verpassen.« Wenn Sie wirklich ankommen, dann ist Frieden in Ihnen, denn Sie haben aufgehört zu kämpfen. Jeder Fußabdruck ist voller Frieden, sein Kennzeichen ist »hier und jetzt«. Genießen Sie es, anzukommen und sich zu Hause zu fühlen, drei, vier, fünf oder zehn Minuten lang oder so lange Sie wollen. Mit einer Stunde Praxis hat die Revolution bereits begonnen.

DEN KÖRPER ERKENNEN

Wir haben einen physischen Körper, und der ist ein Wunder. Er wird sich eines Tages auflösen. Diese Wahrheit müssen wir akzeptieren. Oberflächlich betrachtet gibt es Geburt und Tod, Sein und Nicht-Sein. Doch wenn Sie es tiefer betrachten, erkennen Sie, dass Sie auch über einen kosmischen Körper verfügen, der außerhalb von Geburt und Tod, Sein und Nicht-Sein existiert. Eine Meereswelle hat keine lange Dauer. Der physische Körper der Welle dauert fünf, zehn oder zwanzig Sekunden. Doch die Welle hat ihren Meereskörper, denn sie kommt aus dem Meer und wird auch wieder dorthin zurückkehren. Beim achtsamen Gehen können Sie bei jedem Schritt Ihren kosmischen Körper berühren und werden dadurch Ihre Angst und Unsicherheit überwinden.

ACHTSAM GEHEN ALS GEWOHNHEIT

Jedes Mal, wenn Sie irgendwohin gehen, können Sie das achtsam tun, auch wenn Sie dabei nur drei oder fünf Schritte zurücklegen. Schon bald wird Ihnen das zur Gewohnheit werden. Sie werden achtsam zum Telefon gehen oder sich einen Tee zubereiten. Vielleicht wissen Sie anfangs gar nicht, warum Sie sich nicht mehr abgehetzt fühlen oder glücklicher zur Tür hereinkommen als sonst. Gehmeditation zu einer täglichen Gewohnheit werden zu lassen ist ganz umsonst und kostet Sie nicht mehr Zeit, als Sie ohnehin schon mit Gehen verbringen.

EIN BEISPIEL GEBEN

Mit Ihrem achtsamen Gehen geben Sie allen, die Ihrer ansichtig werden, ein Beispiel, selbst wenn Sie das gar nicht merken. Wenn wir sehen, wie Sie frei, friedvoll und mit Freude gehen, weckt das in uns vielleicht den Wunsch, es Ihnen gleichzutun. Zusammen schaffen wir dann, ohne jede Anstrengung, eine noch friedvollere und glücklichere Atmosphäre.

ABSICHT

Die bloße Absicht, das Gehen und Atmen zu genießen, reicht nicht aus, Sie benötigen zusätzlich Achtsamkeit und Einsicht. Jeder Schritt bringt Ihnen nur dann Freude, wenn Sie ihn mit Achtsamkeit und Einsicht setzen. Ohne Einsicht können Sie unmöglich das Ein- und Ausatmen genießen. Sie können sich nicht dazu zwingen, Ihren Atem oder Ihre Schritte zu genießen. Wenn Sie achtsam atmen und bewusst Ihre Schritte setzen, dann stellt sich die Freude von selbst ein.

IHRE FUSSSOHLE

Konzentrieren Sie Ihre Aufmerksamkeit auf Ihre Fußsohle. Spüren Sie den Kontakt zwischen Ihrem Fuß und dem Boden. Sie sind mit Ihrer Aufmerksamkeit unten in Ihrem Fuß und nicht oben in Ihrem Kopf. Sie spüren, wie Sie die wunderschöne Mutter Erde berühren.

ÜBERALL GEHEN

Zu Buddhas Zeiten gab es keine Autos, keine Züge oder Flugzeuge. Gelegentlich benutzte der Buddha für eine Flussfahrt oder -überquerung ein Boot. Doch meist ging er zu Fuß. Während der fünfundvierzig Jahre seines Lehrens besuchte und unterrichtete er in vierzehn oder fünfzehn Ländern im alten Indien und Nepal. Er war also viel zu Fuß unterwegs. Viele seiner Lehren und Einsichten entwickelte er während dieser Zeit.

AM GANGES ENTLANGWANDERN

Als ich zum ersten Mal nach Indien flog, hatte ich vor meiner Landung in Patna eine Viertelstunde Zeit, um die Landschaft unter mir zu betrachten. Ich sah den Ganges zum ersten Mal. Als Novize hatte ich vom Ganges und seinen Sandkörnern gehört, die so zahlreich sein sollten, dass man sie nicht zählen konnte. Im Flugzeug sitzend, schaute ich nach unten und sah am Ufer des Ganges überall die Fußspuren des Buddha. Es ist sicher, dass der Buddha an diesem Fluss viele Male entlanggewandert ist. Er zog fünfundvierzig Jahre lang umher und brachte seine Weisheit, sein Mitgefühl und seine Praxis der Befreiung vielen Menschen nahe, unter ihnen waren Könige und Minister, aber auch Straßenkehrer und ganz arme Menschen.

DIE NICHTPRAXIS-PRAXIS

Bei seinen Wanderungen schien der Buddha nie zu meditieren. Er hatte keinen Zugang zu irgendwelchen besonderen Hilfsmitteln, er hatte einfach nur zwei Beine und Füße wie wir auch. Am besten übt man sich in der Gehmeditation, wenn sie wie Nichtpraxis aussieht. Das ist sehr tiefgreifend. Sie strengen sich dabei nicht an, Sie kämpfen nicht, Sie genießen einfach das Gehen. »Meine Praxis«, so sagt der Buddha im Sutra der Zweiundvierzig-Kapitel, »ist die Praxis der Nichtpraxis, das Erlangen des Nichterlangens.« Ist Ihre Praxis ganz natürlich, und empfinden Sie dabei Glück, dann ist das die beste Art der Praxis. Sie sehen nicht so aus, als würden Sie praktizieren, doch Sie tun es auf tiefgreifende Weise.

WEDER ZIEL NOCH ABSICHT

Gehmeditation ist eine Praxis, bei der wir kein Ziel haben oder eine Absicht verfolgen. Achtsames Gehen bedeutet, einfach zu gehen und sich dabei jedes Schrittes und Atemzuges bewusst zu sein. Das können wir sogar zwischen beruflichen Terminen oder auf dem Parkplatz eines Supermarktes tun. Unsere Schritte sollten langsam, entspannt und ruhig sein. Durch achtsames Gehen können wir unseren Kummer und unsere Sorgen loslassen und unserem Körper und Geist Frieden schenken.

DIE ERDE LIEBEN

Bei der Liebe gibt es keine Trennung zwischen uns und der Person oder Sache, die wir lieben. Wir tun alles für sie, was wir können, und das schenkt uns große Freude, und es nährt uns. Betrachten wir die Erde auf diese Weise, werden wir sanfter auf ihr gehen.

DRAUSSEN GEHEN

Wenn wir zur Tür hinaus in die frische Luft treten, treten wir direkt in Verbindung mit der Luft, der Erde und all den Elementen, die um uns herum sind. Beim Gehen wissen wir, dass wir nicht auf Unbelebtes treten. Der Boden, auf dem wir gehen, ist keine tote Materie. Mit einem solchen Verständnis können wir auf dem Planeten mit dem Respekt und der Ehrfurcht gehen, die wir auch in einer Kirche oder an einem heiligen Ort aufbringen würden. Jeden Schritt sollten wir in größter Bewusstheit tun. Schritte wie diese haben die Kraft, uns das Leben zu retten.

MORGENSPAZIERGANG

Jeden Morgen nach dem Aufwachen ziehe ich mich an, um meine Hütte zu verlassen und einen Spaziergang zu machen. Meist ist es dann noch dunkel. Ich gehe langsam und behutsam, bin mir der Natur und der verblassenden Sterne bewusst. Wenn ich an die Erde denke und an meine Fähigkeit, auf ihr zu gehen, denke ich: »Ich möchte raus in die Natur gehen und alles Schöne, all ihre Wunder genießen.« Mein Herz ist dabei voller Freude.

IN DER STADT GEHEN

Versuchen Sie, auch im Alltag achtsam durchs Leben zu gehen. Wenn Sie unterwegs zur Bushaltestelle sind, machen Sie daraus eine Gehmeditation. Auch wenn es um Sie herum laut und hektisch zugehen sollte, können Sie ruhig und im Rhythmus mit Ihrer Atmung diese Schritte gehen. Selbst im Großstadtgetümmel können Sie mit einem Gefühl von Frieden, Glück und einem Lächeln ruhig gehen. Das bedeutet es, wenn wir in jedem Moment unseres Lebens voll und ganz leben.

MIT LIEBE UND VERSTÄNDNIS

Wenn wir achtsam gehen, voller Liebe und Verständnis, können wir uns jeder einzelnen Sache auf diesem Planeten bewusst werden. Wir nehmen wahr, dass die Blätter der Bäume im Frühling ein erstaunlich lichtes Grün haben, ein sattes Grün im Sommer, ein reiches Gelb, Orange und Rot im Herbst, und dann im Winter, wenn die Äste kahl sind, stehen die Bäume weiterhin in ihrer Höhe, Stärke und Schönheit und beherbergen das Leben. Mutter Erde empfängt die fallenden Blätter und verarbeitet sie zu neuen Nährstoffen, damit die Bäume weiter wachsen können.

WIR GEHEN NICHT ALLEIN

Wir sind nicht allein, wenn wir gehen. Unsere Eltern und Vorfahren gehen stets mit uns. Sie sind in jeder unserer Zellen. Jeder Schritt, der uns Heilung und Glück bringt, bringt auch unseren Eltern und Vorfahren Heilung und Glück. Jeder achtsame Schritt vermag uns zu verwandeln und ebenso auch unsere Vorfahren. Das schließt unsere tierischen, pflanzlichen und mineralischen Vorfahren mit ein. Wir gehen nicht nur für uns allein. Wir gehen für unsere Familie und für die ganze Welt.

ZURÜCKKEHREN

Wir müssen nicht bis zu unserem Tod warten, um zu Mutter Erde zurückzukehren. Tatsächlich sind wir schon jetzt dabei, zurückzukehren. Tausende unserer Zellen sterben in jedem Moment und neue werden geboren. Wann immer wir atmen, wann immer wir gehen, wir kehren zur Erde zurück.

DANKBARKEIT

Bei unserer Gehmeditation können wir jeden Schritt mit dem Gefühl der Dankbarkeit und der Freude setzen, weil wir wissen, dass wir auf der Erde gehen. Setzen wir unsere Schritte sanft, um Mutter Erde unsere Ehrerbietung zu erweisen, denn sie hat uns das Leben geschenkt und wir sind ein Teil von ihr. Wir gehen auf heiligem Boden. Wir sollten es mit Respekt tun, in dem Bewusstsein, auf unserer Mutter zu gehen. Wo immer wir auch gehen und wo immer wir sind, stets gehen wir auf Mutter Erde. Sie ist ein heiliger Zufluchtsort.

MIT GANZEM KÖRPER UND GEIST

Geben Sie nicht vor, achtsam zu gehen, wenn Sie in Wirklichkeit gedanklich Ihre Einkäufe zusammenstellen oder ein Treffen für den nächsten Tag planen. Gehen Sie mit dem ganzen Körper, dem ganzen Geist. Jeder Schritt bringt Einsicht. Jeder Schritt schenkt Glück. Jeder Schritt bedeutet Liebe – Liebe und Mitgefühl für die Erde, für alle Wesen, auch für uns selbst. Warum gehen wir auf diese Weise? Wir tun es, um mit der großen Erde, mit der ganzen Welt in Berührung zu sein. Wenn wir uns auf diese Weise des Wunders bewusst sind, auf der Erde zu gehen, dann nährt und heilt uns jeder Schritt. Dreißig Schritte mit dieser Einsicht sind dreißig Gelegenheiten, uns zu nähren und zu heilen.

ERWACHEN

Gehmeditation ist eine Möglichkeit, zu dem wunderbaren Moment zu erwachen, in dem wir uns befinden. Sind wir gleichzeitig jedoch mit unseren Sorgen und unserem Leid beschäftigt, oder lenken wir uns beim Gehen mit anderen Dingen ab, sind wir nicht achtsam und können den Augenblick nicht genießen. Wir verpassen unser Leben. Doch wenn wir wach sind, erkennen wir diesen wundervollen Moment, den uns das Leben schenkt, den einzigen Moment, in dem das Leben verfügbar ist. Wir können jeden unserer Schritte wertschätzen, und jeder Schritt kann uns glücklich machen, denn wir sind mit dem Leben, mit der Quelle unseres Glücks und mit unserem geliebten Planeten in Berührung.

GEHEN STATT FAHREN

Manchmal benutzen wir das Auto nur, um von uns selbst wegzukommen, nicht weil wir tatsächlich irgendwohin fahren müssten. Wenn wir, bevor wir den Anlasser betätigen, den Satz sagen: »Bevor ich den Wagen anlasse, weiß ich, wohin ich fahre«, kann das wie ein Blitzlicht sein – wir erkennen, dass wir eigentlich nirgendwo hinmüssen. Sie können sich selbst nicht entkommen, wohin auch immer Sie sich wenden. Manchmal ist es besser, den Motor wieder auszuschalten und einen Spaziergang zu machen. Das kann angenehmer sein.

DIE ERDE MASSIEREN

Wenn wir achtsam gehen, massieren unsere Füße die Erde. Bei jedem Schritt säen wir Samen der Freude und des Glücks. Bei jedem Schritt erblüht eine Blume.

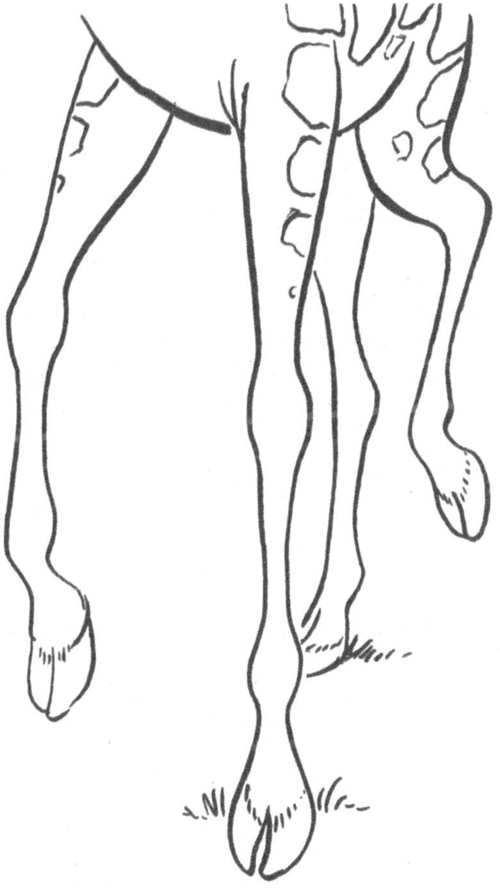

SICH ZEIT NEHMEN

Nehmen Sie sich genügend Zeit zum Gehen. Wenn Sie normalerweise drei Minuten vom Auto zu Ihrer Haustür brauchen, räumen Sie sich jetzt acht oder zehn Minuten dafür ein. Ich komme stets eine halbe Stunde eher am Flughafen an, so dass ich dort noch Gehmeditation praktizieren kann. Manchmal wollen Freunde mich noch bis zur allerletzten Minute bei sich haben, aber ich widerstehe dem immer. Ich lasse sie wissen, dass ich die Zeit brauche, und verabschiede mich frühzeitig.

GEHEN ALS FEIER

Wenn Ihnen beim Gehen bewusst ist, dass Sie lebendig sind, ist das bereits Erleuchtung. Ihnen ist bewusst, dass Sie einen Körper haben, das ist bereits Erleuchtung. Ihnen ist klar, dass Ihre Füße stark genug sind und Sie somit das Gehen genießen können, auch das ist Erleuchtung. Ihr Gehen kann eine Feier sein. Wenn Sie in diesem Geiste atmen, feiern Sie das Leben.

MIT KINDERN GEHEN

Mit Kindern zu gehen ist eine wundervolle Achtsamkeitsübung. Von Zeit zu Zeit läuft das Kind vielleicht vorneweg und wartet dann auf Sie. Ein Kind ist eine Glocke der Achtsamkeit und erinnert uns daran, wie wundervoll das Leben ist. Wir können Kinder lehren, dass sie sich durch Gehmeditation gut beruhigen können, wenn sie aufgebracht sind und starke Gefühle sie bewegen. Wir können mit ihnen gehen, ohne ein Wort zu sagen, einfach nur nebeneinanderher. Durch unser Atmen erinnern wir sie behutsam daran, bei jedem Schritt zu atmen.

GEHMEDITATIONEN

ATMEN UND GEHEN

Meist atmen wir kürzer ein, als wir ausatmen. Machen Sie beim Einatmen zwei oder drei Schritte. Das sollte Ihre Lunge entscheiden. Wenn sie beim Einatmen zwei Schritte möchte, dann machen Sie genau zwei Schritte. Wenn es ihr mit drei Schritten bessergeht, machen Sie drei. Hören Sie auch beim Ausatmen auf Ihre Lunge und lassen Sie sich von ihr sagen, wie viele Schritte Sie beim Ausatmen machen sollen. Anfangs sind es oft zwei Schritte beim Einatmen und drei beim Ausatmen: *zwei, drei; zwei, drei; zwei, drei*. Später ist das Verhältnis vielleicht *drei, vier* oder *drei, fünf*. Möchten Sie beim Einatmen einen Schritt mehr machen, dann erlauben Sie sich diesen Schritt. Das gilt auch für das Ausatmen. Jeder Schritt sollte eine Freude für Sie sein.

GEHEN MIT GEDICHTEN

Beim Gehen können Sie auch *gathas* nutzen, kurze Praxisgedichte. Verbinden Sie den Atem und Ihre Schritte und gehen Sie im Rhythmus des Verses. Schauen Sie, dass das Gedicht und Ihre Schritte einen Rhythmus bilden. Manchmal mache ich beim Einatmen zwei Schritte und beim Ausatmen drei. Manchmal sind es auch drei beim Einatmen und vier beim Ausatmen. Vor allem anfangs dauert das Ausatmen immer etwas länger als das Einatmen. Sie können das Gedicht auch verändern, indem Sie Worte hinzufügen oder weglassen, um im Rhythmus Ihrer Schritte zu bleiben. Beim Joggen können Sie vier Schritte beim Einatmen und fünf Schritte beim Ausatmen machen. Verweilen Sie friedvoll bei dem Gedicht im gegenwärtigen Moment. Schweifen Sie nicht ab. Seien Sie aber auch nicht zu poetisch, so dass Sie dabei die Praxis vergessen. Hauptsächlich geht es darum, mehr Konzentration zu entwickeln.

Ein. Aus.
Tief. Langsam.
Ruhig. Leicht.
Lächeln. Loslassen.
Gegenwärtiger Moment.
Wundervoller Moment.

LASSEN SIE DEN BUDDHA GEHEN

Vor einigen Jahren wollte ich einmal in Seoul, Südkorea, eine große Gruppe von Menschen bei einer Gehmeditation durch die Stadt führen. Der Anfang gestaltete sich schwierig, weil ich von Hunderten Kameraleuten eingeschlossen war. Es gab keine Möglichkeit, vorwärts zu gehen. Ich sagte: »Lieber Buddha. Ich gebe auf. Geh du für mich.« Der Buddha war sofort da, und er ging.

Lass den Buddha atmen.
Lass den Buddha gehen.
Ich muss nicht atmen.
Ich muss nicht gehen.

Der Buddha atmet.
Der Buddha geht.

Ich genieße das Atmen.
Ich genieße das Gehen.

Der Buddha ist das Atmen.
Der Buddha ist das Gehen.
Ich bin das Atmen.
Ich bin das Gehen.

Es gibt nur das Atmen.
Es gibt nur das Gehen.
Es gibt niemanden, der atmet.
Es gibt niemanden, der geht.

Frieden beim Atmen.
Frieden beim Gehen.
Das Atmen ist Frieden.
Das Gehen ist Frieden.

DIE INSEL DES SELBST

Ich nehme oft Zuflucht zu der Gatha »Zur Insel in mir selbst zurückkehren«. Wenn das Leben uns wie ein wilder Ozean vorkommt, müssen wir uns daran erinnern, dass in uns eine Insel des Friedens ist. Im Leben gibt es immer ein Auf und ein Ab, es gibt Kommen und Gehen, Gewinn und Verlust. Wir sind in Sicherheit, wenn wir auf der Insel des Selbst weilen. Als der Buddha starb, lehrte er, dass wir keine Zuflucht zu jemand oder etwas anderem nehmen sollten, sondern nur zu dieser eigenen Insel. Machen Sie beim Einatmen zwei Schritte und sagen Sie: »Ich nehme Zuflucht.« Machen Sie beim Ausatmen drei Schritte und sagen Sie: »Zur Insel des Selbst.« Oder verändern Sie das in: »Ich kehre zurück. Ich nehme Zuflucht.« Sie können jedes Gedicht an Ihre individuellen Erfordernisse anpassen.

Ich atme ein und kehre zurück
zur Insel in mir selbst.
Auf dieser Insel wachsen wunderschöne
Bäume.
Da fließen klare Flüsse.
Es gibt dort Vögel,
Sonnenschein
und frische Luft.
Ich atme aus
und fühle mich sicher.
Ich genieße es, auf meine Insel
zurückzukehren.

LANGSAMES GEHEN

Wenn Sie allein sind, können Sie auch eine langsame Gehmeditation praktizieren. Wählen Sie eine Entfernung von vielleicht drei Metern und machen Sie bei jedem Einatmen und Ausatmen jeweils einen Schritt. Beim ersten Schritt können Sie still sagen: »Ich bin angekommen.« Beim nächsten Schritt sagen Sie still: »Ich bin zu Hause.« Wenn Sie nicht hundertprozentig im Hier und Jetzt angekommen sind, bleiben Sie stehen. Fordern Sie sich selbst heraus. Atmen Sie erneut ein und aus, bis Sie das Gefühl haben, dass Sie hundertprozentig im Hier und Jetzt angekommen sind. Lächeln Sie dann ein Siegeslächeln. Machen Sie einen weiteren Schritt. Sie eignen sich eine neue Gewohnheit an, die Gewohnheit, im gegenwärtigen Moment zu leben.

FAMILIENPRAXIS

Machen Sie mit Ihren Kindern einen kurzen Spaziergang vor dem Schlafengehen. Zehn Minuten sind dafür ausreichend. Wenn Ihr Kind das möchte, können Sie Hand in Hand gehen.
Ihr Kind wird Ihre Konzentration und innere Festigkeit aufnehmen und Sie seine Unschuld und Frische. Junge Menschen können beim Einatmen sagen: »Ja, ja, ja«, und beim Ausatmen: »Danke, danke, danke.« Ich kenne viele Kinder, die diesen kurzen Vers sehr mögen.

IM GEGENWÄRTIGEN MOMENT ANKOMMEN

Einige von uns brauchen keine Worte als Unterstützung, um sich zu konzentrieren, doch am Anfang kann es sehr hilfreich sein, Worte zu benutzen. Sie helfen uns, im Hier und Jetzt zu sein. Machen Sie beim Einatmen zwei Schritte und sagen Sie: »Ich bin angekommen. Ich bin angekommen.« Machen Sie beim Ausatmen drei Schritte und sagen Sie: »Ich bin zu Hause. Ich bin zu Hause. Ich bin zu Hause.« Das ist keine Behauptung, sondern eine Praxis. Kommen Sie an im Hier und Jetzt, halten Sie entschlossen inne und hören Sie auf zu rennen. Sie können sagen: »Angekommen, angekommen«, während Sie einatmen, und »zu Hause, zu Hause, zu Hause«, wenn Sie ausatmen. Nach einiger Zeit mit »angekommen/zu Hause« können Sie das verändern in »hier/jetzt« und dann zu »fest/frei«.

Ich bin angekommen.
Ich bin zu Hause
im Hier
und im Jetzt.

Ich bin fest.
Ich bin frei.
Im Reinen Land
verweile ich.

DER WUNDERSCHÖNE PFAD

Der Geist kann sich in tausend
Richtungen zerstreuen,
doch gehe ich in Frieden
auf diesem wunderschönen Pfad.
Bei jedem Schritt weht ein sanfter Wind.
Bei jedem Schritt erblüht eine Blume.

Gedanken können uns auf Millionen von Wegen in die Welt der Unachtsamkeit führen. Wenn wir unseren Gehweg in eine Meditation verwandeln, werden wir jeden Schritt vollkommen bewusst tun, unsere Atmung wird mit unseren Schritten in Harmonie sein, und unser Geist wird sich ganz von selbst entspannen. Jeder Schritt wird unseren Frieden und unsere Freude stärken, und ein ruhiger Energiestrom wird uns durchdringen.

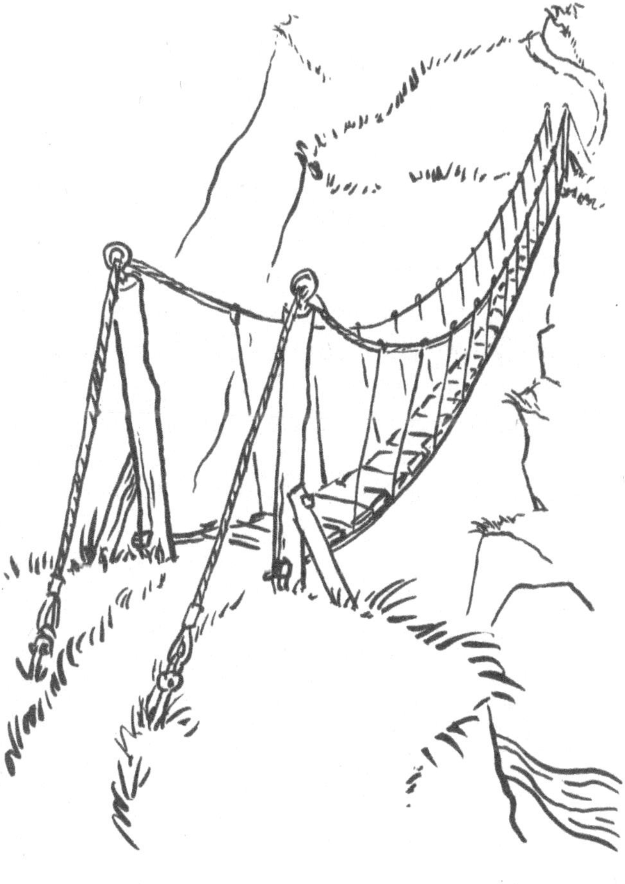

ZUFLUCHT ZUR ERDE NEHMEN

Wenn wir zu uns selbst zurückkehren und Zuflucht zu unserer inneren Insel nehmen, werden wir in uns selbst eine Heimat haben und zugleich eine Zuflucht für andere sein. Gehen Sie mit Ihrem ganzen Körper und Geist, so kann Sie das von Wut, Angst und Verzweiflung befreien. Bei jedem Schritt können Sie Ihre Liebe für Mutter Erde ausdrücken. Während des Gehens können Sie sagen:

> Mit jedem Schritt
> komme ich heim zur Erde.
> Mit jedem Schritt
> kehre ich zu meiner Quelle zurück.
> Mit jedem Schritt
> nehme ich Zuflucht zu Mutter Erde.

Oder Sie können beim Gehen sagen:

> Ich liebe die Erde.
> Ich bin in die Erde verliebt.

EIN BRIEF AN DIE ERDE

Liebe Mutter Erde,

jedes Mal, wenn ich einen Schritt auf der Erde gehe, werde ich mich darin üben, zu erkennen, dass ich auf Dir, meiner Mutter, gehe. Jedes Mal, wenn ich einen Fuß auf die Erde setze, habe ich eine Gelegenheit, mit Dir und all Deinen Wundern in Berührung zu kommen. Jeder Schritt kann mich mit der Tatsache in Berührung bringen, dass Du nicht einfach nur unter mir bist, liebe Mutter, sondern auch in mir. Jeder achtsame und behutsame Schritt kann mich nähren, heilen und im gegenwärtigen Augenblick in Verbindung mit mir selbst und Dir bringen.
In diesem Geiste gehend, kann ich erwachen. Mir kann bewusst werden, dass ich lebendig

bin und das Leben ein kostbares Wunder ist. Mir kann bewusst werden, dass ich niemals allein bin und niemals sterben werde. Du bist immer in mir und umgibst mich bei jedem Schritt, Du nährst mich, umarmst mich und trägst mich bis weit in die Zukunft. Liebe Mutter, ich verspreche Dir heute, diese Liebe zurückzugeben und dieses Versprechen dadurch einzulösen, dass ich jeden Schritt auf dir mit Liebe und Sanftheit setze. Ich gehe nicht nur auf Materiellem, sondern auch auf Geist.

BÜCHER ZUM WEITERLESEN

Thich Nhat Hanh: Achtsam arbeiten, achtsam leben: Der buddhistische Weg zu einem erfüllten Tag, München 2013.

Thich Nhat Hanh: Achtsam sprechen, achtsam zuhören: Die Kunst der bewussten Kommunikation, München 2014.

Thich Nhat Hanh: Achtsamkeit Survival-Kit. : Fünf grundlegende Übungen, München 2015.

Thich Nhat Hanh: Gut sein und was der Einzelne für die Welt tun kann, München 2014.

Thich Nhat Hanh: Nenne mich bei meinen wahren Namen, München 2010.

Thich Nhat Hanh: Mit dem Herzen verstehen, München 2010.

Thich Nhat Hanh: Versöhnung mit dem inneren Kind: Von der heilenden Kraft der Achtsamkeit, München 2011.

PRAXISZENTREN

Die Kunst des achtsamen Lebens in der Tradition von Thich Nhat Hanh wird weltweit in Praxiszentren gelehrt. Informationen dazu finden Sie unter:

Plum Village
13 Martineau
F-33580 Dieulivol
www.plumvillage.org

Workshops und Retreats in deutscher Sprache finden Sie unter:

EIAB
Europäisches Institut für Angewandten Buddhismus
Schaumburgweg 3
51545 Waldbröl
www.eiab.eu

Intersein
Zentrum für Achtsamkeit und Meditation
Unterkashof 50
94545 Hohenau
www.intersein-zentrum.de
Infos unter: www.intersein.de

Bewusst und gesund essen – wer achtsam isst,
braucht keine Diät.

ISBN 978-3-426-29249-5

Harmonische Beziehungen schaffen – für ein liebevolles Miteinander.

ISBN 978-3-426-29250-1

Entspannung ist überall möglich – für ein relaxtes und stressfreies Leben.

ISBN 978-3-426-29252-5